문학과지성 시인선 372

쓸쓸해서 머나먼

최승자 시집

문학과지성사

문학과지성사에서 펴낸 최승자의 시집

이 時代의 사랑(1981)
즐거운 日記(1984)
기억의 집(1989)
내 무덤, 푸르고(1993)
빈 배처럼 텅 비어(2016)

문학과지성 시인선 372
쓸쓸해서 머나먼

초판 1쇄 발행 2010년 1월 11일
초판 16쇄 발행 2024년 11월 22일

지 은 이 최승자
펴 낸 이 이광호
펴 낸 곳 ㈜문학과지성사
등록번호 제1993-000098호
주   소 04034 서울 마포구 잔다리로7길 18(서교동 377-20)
전   화 02)338-7224
팩   스 02)323-4180(편집) 02)338-7221(영업)
전자우편 moonji@moonji.com
홈페이지 www.moonji.com

ⓒ 최승자, 2010. Printed in Seoul, Korea

ISBN 978-89-320-2030-3 03810

이 책의 판권은 지은이와 ㈜문학과지성사에 있습니다.
양측의 서면 동의 없는 무단 전재 및 복제를 금합니다.

지은이는 2008년 한국문화예술위원회가 지원한 창작지원금을 수혜했습니다.

문학과지성 시인선 372
쓸쓸해서 머나먼

최승자

2010

시인의 말

오랜만에 詩集을 펴낸다
오랫동안 아팠다
이제 비로소 깨어나는 기분이다

2010년 1월
최승자

쓸쓸해서 머나먼

차례

시인의 말

쓸쓸해서 머나먼 7
보따리 장수의 달 8
하얀 낮달 9
하루 종일 매달리다 10
먼 방 빈 방 12
세월의 학교에서 13
새들은 모두가 14
사람들은 잠든 적도 없이 15
구름 한 점 쓰다 가겠습니다 16
하늘 虛 한 잔 17
시간이 사각사각 18
von schwelle zu schwelle 20
eine grüne Nacht
eine blaue Nacht 22
돼지가 나갑니다 23
시간은 武力일까, 理性일까 24
어디선가 문득 문득 툭 툭 25
왜 세계는 26
하늘 한 판이 허수이 28

反史 29
다리를 건너는 한 풍경 30
노자와 장자 사이에서 31
어떤 한 스님이 32
새 한 마리가 34
오늘의 모퉁이를 36
그리하여 우리들은 잠들었네 37
가는 길 38
시간 속을 아득히 39
입을 닥치고 있어 40
배고픈 구름장들 42
시간의 잿빛 그림자 43
그런데 여기는 44
중요한 것은 45
다른 세상 46
하늘 너머 47
구름 비행기 48
맑은 소프라노의 49
내 詩는 지금 이사 가고 있는 중 50
홀로 가는 낙타 하나 51
구석기 시대의 구름장들 52
그녀는 사프란으로 떠났다 53
時間입니다 54
더더욱 못 쓰겠다 하기 전에 56
깊고 고요하다 57
축축한 58

가만히 흔들리며 59
travel light 60
높푸른 하늘을 61
한 세월이 있었다 62
한 사내가 영원히 머리를 쓸어 넘기고 있다 63
책상 앞에서 64
어떤 풍경 65
기억은 창가에서 66
하루에 볼펜 하나 67
그런데 이 무슨 세계가? 68
어느 토요일 69
영원히 운동 중인 부재(不在)로서의 눈동자 하나 70
머나먼 바다 위에 71
한 아이가 72
비 그치고 돈 갑니다 73
나의 안경 두 알 74
문이 닫혔었다 75
나의 natural chart에서 76
잠시 빛났던 78
정진규 선생님 79
나는 기억하고 있다 80
흐린 날 81
또다시 병실 82
담배 한 대 길이의 시간 속을 83
참 우습다 84
바가지 이야기 85

해설 | 한 세월이 있었다 · 박혜경 86

쓸쓸해서 머나먼

먼 세계 이 세계
삼천갑자동방삭이 살던 세계
먼 데 갔다 이리 오는 세계
짬이 나면 다시 가보는 세계
먼 세계 이 세계
삼천갑자동방삭이 살던 세계
그 세계 속에서 노자가 살았고
장자가 살았고 예수가 살았고
오늘도 비 내리고 눈 내리고
먼 세계 이 세계

(저기 기독교가 지나가고
불교가 지나가고
道家가 지나간다)

쓸쓸해서 머나먼 이야기올시다

보따리장수의 달

시간 속에서 시간의 앞뒤에서
흘러가지도 않았고 다만 주저앉아 있었을 뿐
日月도 歷史도 다만 시간 속에서

나는 다만 희미하게 웃고 있었을 뿐

먼 길 보따리장수의 달
흰 하늘 눈먼 설원(雪原)
보따리장수의 달만 흘러간다

흰 하늘 눈먼 설원(雪原)

가도 가도
흰 하늘 눈먼 설원(雪原)

하얀 낮달

하얀 낮달,
푸른 붕새
멀고 먼 길
가다 가다 지치는 하늘

푸른 붕새 몇 점 띄워놓고
다리 절룩이며 가는 하늘

하루 종일 매달리다

하루 종일 매달리다
바람에 하늘에

알 수 없는 곳에서
어느 깊은 웅덩이에서
무서운 심연에서
조금씩 새어나오는
흘러나오는

흘러나와 작은
물줄기들, 작은 그림자들을
만들어내는……

누군가 「shadow of my life」를
이상하게 허밍으로 부르고 있다
그리고 그 주위 어디에선가
융이 "당신의 shadow"라는 명강의록을 펼치면서
헛기침하는 소리 들린다

하루 종일 매달리다
바람에 하늘에

그리고 어느 깊은 심연으로부터
작은 물줄기들이, 작은 그림자들이……

이것들은 언제
바람 타고 하늘 물속으로
회귀하려는가?

辰辰*이 방구들이 사는
辰辰이 cafe로나 내려가보자

* 음양오행의 12개 地支 중의 辰을 의인화시킨 것임.
  辰은 또한 별이라는 뜻을 갖고 있음.

먼 방 빈 방

빈 방에서
저 먼, 없는 폭포 소리를 듣는다

(먼저는 내가 빈 방을 만들어냈고
빈 방이 저 먼, 없는 폭포 소리를 만들어냈다)

먼 방 빈 방
그곳에서 나를 기다리고 있는 것은 무엇일까
폭포 소리는 흘러내리는데

호젓이 고즈넉이,
나를 기다리고 있는 것은 무엇일까

먼 방, 빈 방

세월의 학교에서

거리가 멀어지면 먼 바다여서
연락선 오고 가도
바다는 바다
섬은 섬

그 섬에서 문득 문득
하늘 보고 삽니다

세월의 학교에서
세월을 낚으며 삽니다

건너야 할 바다가
점점 커져 걱정입니다

새들은 모두가

모두가 바람을 등지고 사는 곳
하늘의 작기장 하늘의 공책 위에
오늘도 구름만 그리며 사는 곳

자정 그 너머 별천지,
별유천지 비인간이 될 때까지
北海 南海로 미투리를 삼는 곳

하늘의 푸른과 바다의 푸른이 합쳐져
事物들의 새파란 시선이 움트는 곳
시간 속의 물방울 같은
작은 이슬 제국
거기에 詩人들도 아스라이 끼어듭니다

(모든 새들은
이 세상 주소를 갖고 있지 않습니다)

사람들은 잠든 적도 없이

삼천갑자동방삭이
내 아비가 누군고
내 어미가 누군고
묻고 또 물었던 대답 없는 세계
외침조차 흔적 없었던 세계

사람들은 잠든 적도 없이
잠들어 살고
제 집도 아닌 줄 모르면서
제 집처럼 산다

오늘도 사람들은 죽은 神을
어영차 끌고 가서
황무지에 버린다

구름 한 점 쓰다 가겠습니다

구름 한 점 쓰다 가겠습니다
아침 식탁, 커피 한 스푼의 無
커피 물 한 잔의 無限

(창밖에서 한 아이가
사과를 먹고 있습니다
한 세계를 맛있게 먹는 것을
바라봅니다)

어디선가 새가 울고
달이 지고

구름 한 점 쓰다 가겠습니다

하늘 虛 한 잔

아침마다 옥상에서 담배 한 대 피운다
눈앞에는 거대한 아파트 군단
그 위로 펼쳐져 있는 회색 하늘
아침마다 그 하늘 虛 한 잔을 마신다

담담하게, 밍밍하게

(어쩌면 이 시시한
밀레니엄의 풍경을 가로지르는
새 한 마리조차 없을까)

시간이 사각사각

한 아름다운 결정체로서의
시간들이 있습니다
사각사각 아름다운 설탕의 시간들
사각사각 아름다운 눈〔雪〕의 시간들

한 불안한 결정체로서의
시간들도 있습니다
사각사각 바스러지는 시간들
사각사각 무너지는 시간들

사각사각 시간이 지나갑니다
시간의 마술사는 깃발을 휘두르지 않습니다

사회가 휙,
역사가 휙,
문명이 휙,

시간의 마술사가 사각사각 지나갑니다

아하 사실은

(통시성의 하늘 아래서
공시성인 인류의 집단 무의식 속에서
시간이 바스락거리는 소리입니다)

시간이 사각사각
시간이 아삭아삭
시간이 바삭바삭

아하 기실은

사회가 획,
역사가 획,
문명이 획,

시간의 마술사가 사각사각 지나갑니다

von schwelle zu schwelle*
—니콜 라퍼에르의 『다른 곳을 사유하자』를 읽다가

문턱에서 문턱으로
경계에서 경계로

디아스포라의 전 文明이 흩어지고 있습니다

모래알처럼 잔잔히 흩어져
저 혼자 굴러가다가

프리즘에 비치는 빛들처럼
서로 마주치고 굴절되기도 하면서

문턱에서 문턱으로
경계에서 경계로

(어디를 향해 나아가고 있을까요
골치가 아픕니다)

그리고 오래전부터 곧잘 중얼거리던 말이 생각납

니다.
 그것은 "흐르되, 흘러서."입니다

* 어느 독일 시인의 시 제목으로 '문턱에서 문턱으로'라는 뜻. 문전걸식을 하고 있다는 의미로 쓰임.

eine grüne Nacht
eine blaue Nacht

역사라는 시간의 공책 위에서
개미 한 마리가 기어 지나가는
꿈을 꾸었다

(그 개미의 이름은
인류의 집단 무의식이라는 이름이었다)

허전하고 텅 빈 꿈이었다

그리고 구름 없는 오후가 흘러갔다
그늘들이 헤살궂게 흔들렸다

역사라는 시간의 공책 위에서
개미 한 마리가……

eine grüne Nacht
eine blaue Nacht

돼지가 나갑니다

돼지가 나갑니다
기차가 뿡빵뿡빵

(문명의 권태가 나아간다
문명의 소외가 나아간다)

돼지가 나갑니다
기차가 뿡빵뿡빵

하늘은 더러
노란 하늘일 때도 있습니다

그러나 더러더러
푸른 하늘일 때도 있습니다

시간은 武力일까, 理性일까

시간은 국가들이었고
제도들이었고 도덕들이었고
한마디로 가치관들이었는데,
가치관들이 세계라는 이 세상에 범람했었는데
시간은 武力일까 理性일까

(시간 속에서
비가 내리고 있는 이 세상
많은 꿈들이, 젖어 흘러가는 이 세상)

시간은 武力일까, 理性일까

(혹은 초시간적 의미에서
또는 우주적 총합의
축소로서의 시간이라는 의미에서)

시간은 武力일까, 理性일까

어디선가 문득 문득 툭 툭

도대체 통합이 되지 않고
시작이 되지 않는
이 어지러운 文明의 잠자리
일어나지도 못한 채
꿈자리만 깊어진다

그 와중에서도 어디선가
문득 문득 툭 툭
전쟁이 터진다는 소식
참 유구한 역사
참 유구한 문명

어디선가 문득 문득 툭 툭,
참 유구한

왜 세계는

무엇이 세계를 삭게 할까요?

왜 세계는
삭을 대로 삭아야
세계일까요

위대한 비밀은
자본이었습니다

웅성합니까?
풍성합니까?

헛돌고 헛도는
헛바퀴들의 이 유연한……

누군가 보고 또 보았던 세계를
어쩔 수가 없어서
나도 그냥 바라만 보고 있습니다

(코카콜라는 가구가락*이라던가요)

* 중국인들이 코카콜라를 일컫는 말.

하늘 한 판이 허수이

오늘은 전 아파트 군단이
비에 젖어 있다
하늘조차 젖어 있다

빈, 젖어 있는 저 하늘
나의 아침 창가에서

하늘 한 판이 허수이
무너져 내린다

反史

물 밀어도 물 밀어도
바람 지면 그뿐
그 사람들 살다가 떠난 흔적 없구나

흐린 물살 위에
흐린 종이배 하나 띄워본다

(反史를 넘어
초역사적 감각으로 부는 바람)

종래에서 다른 어떤 종래로 가는 초월성
숨이 막힐 듯한 외재성에서 내재성으로 가는 자유
혹은 더 큰 외재적 내재성으로 가는 자유
그것이 없다면 인류의 삶은 한갓 지네 같은 것이
될 수 있다
수천 세기 동안의 지네 한 마리의 꿈틀거림

다리를 건너는 한 풍경

저 共有의 하늘, 共有의 바다

사람들은 민주주의라는
다리 하나 걸쳐놓고 으쓱거린다
그 이름 그 다리로
어디로 건너갈 것인지를 알지 못한 채

술이 술을 먹는
사회인 줄 모르고

저 하늘 값
저 바다 값이
도대체 얼마인 줄을 몰라서.

via*의 풍경은 한이 없어
삐쭉 삐쭉 걷는다
비틀 비틀 걷는다

* '~을 경유해서'라는 뜻.

노자와 장자 사이에서

노자와 장자 사이에서
이 춤을 어떻게 추어야 할까
하나는 너무 말이 없고
다른 하나는 다변이지만
둘 다 약속한 듯 신비주의적 본론은
입 꾹 다물고 있다
노자의 춤사위는 승무이고
장자의 그것은 탈춤인데
그 사이에서 나는 어떤 춤을 추어야 할까
하나는 하나도 건드리지 않았고
다른 하나는 새끼손가락만큼
아주 쬐끔 튕겨보았다
노자의 바다와 장자의 태산 사이에서
나는 어떤 춤을 추어야 할까

(하늘나라에서 두 랍비가
스치듯 지나가며 서로
인사하는 소리 들린다)

어떤 한 스님이

어떤 한 스님이
한 백 년 졸다 깨어 하는 말이
"心은 心이요 物은 物이로다"

하지만 행인지 불행인지 잘 섞이면
心物이 만들어지고
物心이 만들어지고

사다리의 어느 위 계단으로 올라가면
초롱초롱 조롱박들이 한창 열려 있다
그리하여 心物이 物心이 되고
物心이 心物이 되고
(실인즉슨 心이 物이 되고
物이 心이 되고)

한번 해보자 하면
그 구별들은 한이 없고
그런 것이 아니오라 하면

순식간에 똑같은 세상이 된다

(아주 우울한 날에는
우윳빛 막걸리를 한두 잔 마셔라)

새 한 마리가

나무 한 그루 빙긋이 웃고 있다 그 위에서
새 한 마리가 이 가지에서 저 가지로
깡충거리며 놀고 있다. 그렇게 쓸 때,
그런데 그 배경 하늘은 추상일까 구상일까
내가 구상을 말할 때 그 대상은
어느덧 추상으로 변해버리고 또 어떤 때는
추상을 말할 때, 살과 뼈다귀를
감쪽같이 다 달여 먹어 치운, 그러나
여전히 구상인 것일 때가 왔다
구상에 왜 추상이 오버랩되는지
추상에 왜 구상이 오버랩되는지

(어느 역사학자가 통시성이 공시성인 것을
왜 모르시나요 하며 웃는 소리 들린다
아아 물론 그렇지요 융이 말한
동시성 이론의 좌우를 상하로 비틀면
그런 것이 되는 거죠. 어떤 초시간성,
초역사성 혹은 더 깊은 집단 무의식. 얘기가

그렇다는 겁니다)

빙긋이 웃고 있는 나무 한 그루, 그 위에서
한 마리 새가 이 의식에서 저 의식으로
깡충거리며 놀고 있다

오늘의 모퉁이를

千의 언덕들이 굽이쳐 흘러갔으나
오늘도 아이들은 千의 팔랑개비를 돌리고 있다

기억의 제조물, 오늘 나는
어떤 기억의 제조물을 삼켰는가

아가리 가득한 시간,
시간 가득한 아득함 혹은 아찔함

대형 트럭들이 대형 추억들을 싣고
오늘의 모퉁이를 돌아가고 있다

아이들이 千의 팔랑개비를 돌리고 있는 동안에

그리하여 우리들은 잠들었네

그리하여 우리들은 잠들었네
너는 흔들리는 코스모스의 잠
나는 흩어지는 연기의 잠

한 세기가 끝날 무렵에도
너는 코스모스의 잠
나는 연기의 잠

그동안에 제1차 세계대전
제2차 세계대전, 뭐라 뭐라 하는

그러나 우리 두 사람에겐
흔들리는 코스모스의 잠과
흩어지는 연기의 잠뿐이었네

가는 길

내 나이 여덟이요
여든이요 팔백쉰여덟이요

(이 배는 어디로 가려는 것일까)

먼, 머언 곳에 비 내려 넘치는데

내 나이 여덟이요
여든이요 팔백쉰여덟이요

아세아에서도 행복지 못했고
구라파에서도 행복지 못했고

(이 배는 어디로 가려는 것일까)

내 나이 여덟이요
여든이요 팔백쉰여덟이요

시간 속을 아득히

시간 속을 아득히 달려왔다
시간의 축지법 속에서 꿈을 꾸었다
꿈자리는 늘 슬픔뿐이었다

(세상이 잠이었으면
세월이 잠이었으면)

포항에 비가 와
경주도 비에 젖어
부산은 잠에 젖어
제주도 목침 베고 눕는구나

입을 닥치고 있어

입을 닥치고 있어
바람은 불지 못해
너는 너무도 깊은 江들을 건넜어

하구에서 하구로
상류에서 상류로
너무도 깊은 江들

감각의 올가미는 누가 뒤집어 씌우는지
살았으나 죽었으나 살았으나
감각을 벗어날 수 없는 건가
감각의 옷은 다 내팽개쳤었는데
누군가 살〔肉〕 몰아 뒤쫓아 오면서
감각의 옷을 도로 입히는가
고행복*인 감각은 아니고
영화관 드라마의 감각도 아닌
그저 그러한.

그러나 영화관 스크린에는

비 새는 듯한

안개 내리는 듯한

그러나 그 무한 잿빛의

* 고행복(苦行服): 기독교에서 고행할 때 입는 옷.

배고픈 구름장들

배고픈 구름장들이
서서히 더 많이
몰려들고 있다

배고픈 그림자들은 길다

비 오는 갑판에서 너무 오래
비를 맞고 있었나보다

빗속에 빗속에
배고픈 구름장들……

(내 이름은 토지 없는 장
내 이름은 검둥이 시몬 가리바리요)*

* 프랑스 시인 이반 골(Yvan Goll, 1891~1950)의 두 작품 속에
각기 나오는 구절임.

시간의 잿빛 그림자

시간은 늘 괴어 있다

수세기 저편에서
풀꽃 하나 흔들린다

하이데거적 창문으로서의
한 Dasein도 흔들린다

흔들리고 흔들리는
이 세계 속에서 왜 시간은
늘 괴어 있는 것일까?

영원으로서 흔들리는 이 세계 안에서

흔적도 없이 괴어 있는
시간의 잿빛 그림자

그런데 여기는

인류를 초월해 있는
영원성으로서의 시간

순간에서 영원으로라는
말 그대로인 어떤 초시간성

그런데 여기는 내가 천만억 년 조을던 곳
그런데 여기는 내가 천만억 년 하품하던 곳

그 자리에 아직도 진달래 철쭉 만발해 있다

"이 세상 어느 곳에든지 설움이 있는 땅은
모다 왕의 나라로소이다"*

* 홍사용의 「나는 왕이로소이다」에 나오는 구절.

중요한 것은

말하지 않아도 없는 것은 아니다
나무들 사이에 풀이 있듯
숲 사이에 오솔길이 있듯

중요한 것은 삶이었다
죽음이 아니었다
중요한 것은 그 거꾸로도 참이었다는 것이다

원론과 원론 사이에서
야구방망이질 핑퐁질을 해대면서
중요한 것은 죽음도 삶도 아니었다
중요한 것은 삶 뒤에 또 삶이 있다는 것이었다
죽음 뒤에 또 죽음이 있다는 것이었다

다른 세상

한 육체였었으나
이미 한 생각이었으므로

아무 일도 없이
학이 날고 푸른 새가 지고
하염없는 바다와 바다 사이에서
(아, 나는 너무 오래 잤을까)
학이 날고 푸른 새가 지고
어떻게 된 것일까

이 다른 것들은 어디에서 오나
다른 것들로 이루어진 세상
이미 있었으나, 없었으나, 다시 있는
만지고 또 만져본 세상, 그러나
다시 있는, 언제나 천억 년 다시 있을,
바다빛 하늘빛처럼 푸르른
다른 것들로 이루어진 세상

하늘 너머

하늘 너머, 너머

하늘 너머
그 너머

역사라는 무겁고 후덥지근한
공간성을 떨쳐버리고
초시간적 시간 속으로
사라져가는……

수억의 추억의 시간은
그토록 짧다

하늘 너머
그 너머

구름 비행기

내가 본 세상 병동 늘 그러하나
오늘은 구름 비행기 하나 이륙합니다
기장도 승무원도 탑승객도
단 한 명뿐인 구름 비행기입니다

오래된 미래인 과거를 휘돌아
오래된 과거인 미래를 휘돌아
초시간 속으로 날아가는

(저기 저기 신작로 길 같은 역사와
기찻길 같은 문명이 안 보이시나요)

구름 비행기 하나 쾌속으로 날아갑니다
기장도 승무원도 탑승객도
단 한 명인 채로

맑은 소프라노의

이 세상에 시계처럼 고단한 것은 없다
인간들 또한 그러하다
아침이오, 저녁이오,
또각또각 참으로 고단하다

그리하여 잃어버린 것들의 하늘
잃어버린 것들의 신화

다시 그리하여 잃어버린 것들의 밤

그래도 오늘은 맑은 소프라노의 하느님이
아침 노래를 하고 있다

내 詩는 지금 이사 가고 있는 중

내 詩는 지금 이사 가고 있는 중이다
오랫동안 내 詩밭은 황폐했었다
너무 짙은 어둠, 너무 굳어버린 어둠
이젠 좀 느리고 하늘거리는
포오란 집으로 이사 가고 싶다
그러나 이사 갈 집이
어떤 집일런지는 나도 잘 모른다
너무 시장 거리도 아니고
너무 산기슭도 아니었으면 좋겠다

아예는, 다른, 다른, 다, 다른,
꽃밭이 아닌 어떤 풀밭으로
이사 가고 싶다

홀로 가는 낙타 하나

누구나 별 아래서 잠든다
길을 묻다 지쳐서
길 위에서 잠든다

누구나 별 아래서 잠든다
죽음을 죽음으로 일깨우면서

그리하여 별빛 아래
홀로 가는 낙타 하나

별 아래 잠도 없이
홀로 가는 낙타 하나

구석기 시대의 구름장들

구석기 시대의 구름장들이 날 쫓아온다
내가 두고 온 바다들은 점점 더 작아진다
저 흐리멍텅한 구석기의 구름들은
언제까지 날 쫓아오겠다는 건지

오늘은 파리에 비가 올지도 몰라
아픈 것은 아픈 것이지

(수없이, 수없이라는 말이
sad, sad처럼 들릴 때가 있다)

그녀는 사프란으로 떠났다

그녀는 사프란으로 떠났다
무수히 해가 뜨고 해가 져도
그녀는 돌아오지 않았다

가끔씩 초인종이 울려도
거기엔 아무도 없었다

그녀는 사프란으로 떠났고
그녀는 이미 돌아오지 않는다
나는 또 오늘의 요리를 만들고 있을 뿐이다

부엌 창문턱의 작은 아이비 화분,
먼 꿈 하나
댕그라니
꿈에도 비에 젖지 못할

時間입니다

과거를 현재로 살고 있는 사람들
파먹을 정신이 없어서
과거를 오늘의 뷔페식으로
섞어 먹는 사람들
언제쯤 그 정신이라도
끝날 날이 없을까
그 정신 뷔페식을
같이 먹어야 한다고
그렇지 않으면 사람이 아니라고
우겨대는 사람들
그냥 꿈결이었다고
건너 뛸 수는 없을까
해 지고 달 떠도
정신은 아귀아귀여서
과거의 바윗덩어리라도
삶아 뜯어 먹어야 한다는 사람들
과거 때문에 현재도 미래도
다 놓치고 싶어 하는 사람들

찰각찰각 시간이 잘 지나갑니다

혹은 엘리엇的으로 時間입니다 時間입니다

더더욱 못 쓰겠다 하기 전에

더더욱 못 쓰겠다 하기 전에
더더욱 써보자
무엇을 위하여
아무래도 좋다

이 종달새가 더더욱이든 저 종달새가 더더욱이든

(어느 때인가는 너무 아름다워서 만져보면
모두가 造花였다
또 어느 때인가는 하염없이 흔들리는 게 이뻐서
만져보면 모두가 生花였다 造花보다 이뻤다
이제까지의 내 인생에서
'이쁘다'는 '기쁘다'의 다른 이름이었다)

깊고 고요하다

검은 활시위
검은 화살

깊고 고요하다

내가 닫아버렸던 고통의 門을
누가 다시 열어놓았을까

가만히 스쳐만 가시라
잠의 꿈결에서인 듯
꿈의 잠결에서인 듯

축축한
—신구사 간(刊) 『세계 전후 문제 시집』을 읽다가

전후(戰後)의 축축한 잠자리에서
아직 깨어나지 못한 채
밥 먹고 똥 싸며 사는 사람들
그러한 뭇 잠들 속을 하염없이 들여다본다
그 공포와 경악과 분노를
윤회인가도 싶은 축축한 잠자리에서
아직 깨어나지 못한 그들은
어디서나 하릴없이
더 깊은 잠 속으로 빠져든다
두드려도 두드려도 깨이지 않는 잠 속으로

가만히 흔들리며

키 큰 미루나무
키 큰 버드나무
바람 사나이
바람 아가씨

두둥실 졸고 있는 구름 몇 조각

꼬꼬댁 새댁
꿀꿀 돼지 아저씨
음매 머엉 소 할아버지

모든 사물들이 저마다 소리를 낸다
그러한 모든 것들을
내 그림자가 가만히 엿듣고 있다
내 그림자가 그러는 것을
나 또한 가만히 엿보고 있다
(내 그림자가 흔들린다
나도 따라 가만히 흔들린다)

travel light*

너는 바람처럼 쉽게 바뀐다
꽃인가 하면 바위이고
詩인가 하면 小說이고
배낭도 없이 너는 가볍게 여행한다
팬티도 바지도 구두도 걸치지 않은 채

내가 없는 꿈속에서 울고 있을 때에도
너의 travel light의 좌우명은
좌우도 없이 잘도 계속된다
바위인가 하면 꽃이고
小說인가 하면 詩이고

전화번호들도 주소록도 갖지 않은 채
(의식도 무의식도 갖지 않은 채)

* '짐 없이 가볍게 여행하다'라는 뜻.

높푸른 하늘을

높푸른 하늘을 한번 걸어볼까
高空의 이슬 젖은 두 발은 가뿐하고
착륙도 하지 않은 채 오직 걷기만 하는……

높푸른 하늘을 한번 걸어볼까
수세기 너머에서 누군가
내 이름을 불렀던 곳이 있을지도 몰라
푸른 모자 쓰고
높푸른 하늘을 한번 걸어볼까

한 세월이 있었다

한 세월이 있었다
한 사막이 있었다

그 사막 한가운데서 나 혼자였었다
하늘 위로 바람이 불어가고
나는 배고팠고 슬펐다

어디선가 한 강물이 흘러갔고
(그러나 바다는 넘치지 않았고)

어디선가 한 하늘이 흘러갔고
(그러나 시간은 멈추지 않았고)

한 세월이 있었다

한 사막이 있었다

한 사내가 영원히 머리를 쓸어 넘기고 있다

박꽃이 필 때는 박꽃으로 웃고
박꽃이 질 때는 박꽃으로 울고

수많은 바람이 지나도
억겁은 억겁 순간은 순간

수천 세기 묶인 다리는 풀리지 않고
그저 바람이 지날 때면 박꽃
박꽃으로 울거나 웃을 뿐

한 사내가 머리를 쓸어 넘긴다.
바람은 그의 등 뒤로 분다.
한 세기를 분다. 수천 세기를 분다.
한 사내가 영원히 머리를 쓸어 넘기고 있다.

책상 앞에서

병원 안 컴퓨터실
고요한 실내
책상 앞에서가 내 인생의
가장 큰 천국이었음을 깨닫는다

아름다웠던 부운몽, 그러나
여실했었던 부운몽

누군가의 시 구절처럼
가히 아름답다
'책상 앞에서'

(경주는 내륙, 해안은 구룡포.
구룡포 너머의 바다와 하늘
아직도 길가메시의 神話는
억겁의 시간 밖인가 안인가
나는 모른다)

어떤 풍경

고요한 서편 하늘
해가 지고 있습니다
건널 수 없는 한 세계를
건넜던 한 사람이
책상 앞에서 詩集들을
뒤적이고 있습니다

그가 읽는 詩의 행간들 속에서
고요가 피어오릅니다
그 속에 담겨 있는
時間의 무상함

(어떤 사람이 시간의 詩를
읽고 있는 풍경을
바라보고 있습니다)

기억은 창가에서

기억은 창가에서 시작된다
강어귀에서 바다가 시작되듯

하염없는 꿈들
흐느적거리는 펑퐁 소리들

갇혀서 갇혀서
낮이 긴 밤을 찾는다
강이 바다를 찾는다

밤의 허공에서 흰 독수리 하나
바다처럼 큰 원을 그린다

하루에 볼펜 하나

하루에 볼펜 하나
볼펜 하나에 하루
하염없이 걸어서
볼펜 하나 속의 짧은 길을 걸어서
하루에 볼펜 하나
볼펜 하나에 하루

짧은 인생 하나
뭉뚱그려 큰 하늘 하나 지우고 있다

시간 밖에서 다른 하늘 하나 터진다

그런데 이 무슨 세계가?

한 남자가 강물에 뛰어들었다
강물이 푸 하 소리를 냈다

(그런데 이 무슨 세계가
그 뒤에서 고요히 떨고 있을까?)

(때때로 동쪽에서 꽃이 피고
때때로 서쪽에서 꽃이 집니다)

이상한 꿈입니다

어느 토요일

회색 근로복을 입은
노동자 아저씨들이
토요일 오후 늦게
퇴근을 하지 않고서
볼차기 놀이를 하고 있다

(세월이 볼을 텅텅 굴리면서 지나간다)

불행했던 사나이 행복했던 예수가
아직도 행복한 꿈속에서 졸면서
세월이 볼을 텅텅 굴리면서 지나가는 것을
지켜보고 있다

영원히 운동 중인 부재(不在)로서의 눈동자 하나

고요한 밤, GS 칼텍스
제논라이트+미등=18,000원
(제논은 지금
날아가는 화살 중에 있다)
영원히 운동 중인 정지가 아니라
영원히 운동 중인 부재(不在)로서
제논은 지금
날아가는 화살 중에 있다
지금, 지금, 지금, 지금

(난데없이 꿈에 보았던 그 눈동자
다시 고요히 깊어집니다)

머나먼 바다 위에

머나먼 바다 위에
두둥실 달이 떠 있습니다

허공에는 세상을 바라보는
고요한 눈동자 하나가 있습니다

그것은 루미*가 사랑했던 님의 눈동자입니다
(신비주의적 시간 바다 위의 풍경입니다)

머나먼 바다 위에
두둥실 달이 떠 있습니다

* 13세기 페르시아의 신비주의 시인.

한 아이가

한 아이가 뛰어간다

하늘은 늘 회색이었다

건성건성 누군가
바다를 건너고 있었다

한 세기가 무심코 웃고 있었다

비 그치고 돈 갑니다

비 그치고
돈 왔다

사람들은 거리에서
거리로 흘러가고
그리고 시간 공장에서는

하늘이 하늘 하늘
구름이 서늘 서늘

비 그치고
돈 왔다
(비 그치고
돈 왔다고
어느 TV가 재방송을 돌리고 있군요)

비 그치고
돈 갑니다.

나의 안경 두 알

내 무의식에 깊은 구멍이 뚫렸었다
악! 하며 한순간에 나는 보았었다
세계에는 비밀이 있었다
질펀하게 새어 흐르는 비밀이 있었다

가볍고도 무서운 물살에 시달리고 있었습니다

(오늘도 세상을 바라보는
나의 안경 두 알
고요히 책상 위에서 빛납니다
한밤중입니다)

문이 닫혔었다

문이 탁 하고 닫혔었다
뒤편에서 점점 어두워지는 세계
그 안으로 급하게 빨려들었다

(왜 그 세계는 내 등 뒤에 있었을까?)

잠이 시간이었습니다
모릅니다
그간의 나와
저간의 나와
혹은 저 너머의 나와

나의 natural chart*에서

나의 natural chart에서
moon**이 떨고 있었을 때

어디선가 한 세상 너머에서
바람이 스쳐가는 소리

수세기 너머 어디선가
은빛 강물이 흘러가는 소리

아아주 먼 어디선가 들려오는
아득하게 슬픈 이쁜 빗소리

쓸쓸히 무너져 내리는 한 세계

(시간의 그늘 속으로
강물이 흘러가는 소리)

(어디선가 떨어지는 꽃잎 하나)

* 서양 점성학 용어로, 한 개인의 타고난 운명적 지도라고 할 수 있음. 우리말로는 천궁도로 번역되고 있음.
** 달. 서양 점성학에 등장하는 10개의 행성들 중의 하나.

잠시 빛났던

(잠시 빛났던
어느 외재적 불빛
아스라하다)

쉬임 없이 하루하루가 흘러간다
詩도 담배도 맛이 없다
세월이 하 짧아
詩 한 편, 담배 한 대에
한 인생이 흘러간다

(공허여, 허공이여)

정진규 선생님

이제껏
이승하고 살았는지
저승하고 살았는지
알다가도 모를
이상한 귀신 하나

그가 이승에서 엿을 파는지
저승에서 엿을 파는지를 몰라
나는 때때로 그를
귀신이라고 불러본다
그의 이승 저승이
너무도 이승처럼 보이는 것은
그의 맛갈진 유기농법 때문이겠지

(이승 저승
너무 심하게 놀다가
흰 고무신 한 짝
잃지 마세요)

나는 기억하고 있다

길이 없었다
분명 길이 있었는데
뛰고 뛰던 길이 있었는데

길 끊어진 시간 속에서
어둠만이 들끓고 있었다

(셔터가 내려진 상가
보이지 않는 발자국들만 저벅거리는
불 꺼진 어둠의 상가)

그 십여 년 고요히 끝나가고 있다
아직은 길이 보이지 않는다
그러나 분명 길이 있었음을
뛰고 뛰던 길이 있었음을
나는 기억하고 있다

흐린 날

자본도 월급도 못 되었던
내 시간들은 다 어디로 가고
나도 아닌 나를 누군가 흔든다
나는 내가 아닌데 누군가 나를 흔든다
조용히 흔들린다 내가 누구냐고 물으면서

만월이 초승달을 낳니,
초승달이 만월을 낳니

차고 기우는 것, 그게
차다가 기우는 건 아닌데

만월이 초승달을 낳니,
초승달이 만월을 낳니

천장에서 비 새는 듯한 흐린 날
어디선가 보이지 않는 초승달이
보이지 않는 만월을 또 낳기도 하겠구나

또다시 병실

또다시 병실
마치 희곡 같다

"무대는 그녀의 집 안방"
"무대는 또다시 어느 병실"

세계가 환자들만 있는
병실이라면, 끔찍한 생각.

누구나 제 집 제 방에서
달팽이처럼 잘 살고 있다는
생각이 행복스럽다

왜 어떤 사람들은
이리 불리우고 저리 불리우면서
"이 거리 한 세상을 저어가"*는 것인지

* 본인의 시 「부질없는 물음」(『이 時代의 사랑』, 1981) 중에 나오
  는 구절임.

담배 한 대 길이의 시간 속을

담배 한 대 피우며
한 십 년이 흘렀다
그동안 흐른 것은
대서양도 아니었고
태평양도 아니었다

다만 십 년이라는 시간 속을
담배 한 대 길이의 시간 속을
새 한 마리가 폴짝
건너뛰었을 뿐이었다

(그래도 미래의 시간들은
銀가루처럼 쏟아져 내린다)

참 우습다

작년 어느 날
길거리에 버려진 신문지에서
내 나이가 56세라는 것을 알고
나는 깜짝 놀랐다
나는 아파서
그냥 병(病)과 놀고 있었는데
사람들은 내 나이만 세고 있었나 보다
그동안은 나는 늘 사십대였다

참 우습다
내가 57세라니
나는 아직 아이처럼 팔랑거릴 수 있고
소녀처럼 포르르포르르 할 수 있는데
진짜 할머니 맹키로 흐르르흐르르 해야 한다니

바가지 이야기

바가지를 쓰셨습니까
머리통 바가지입니까
엉덩이 바가지입니까

머리통이나 엉덩이나

그것만이 거시기냐
거시기만이 그것이냐

황홀합니다
내가 시집을 쓰고 있다는
꿈을 꾸고 있는 중입니다

|해설|

한 세월이 있었다

박 혜 경

1. 상처받고 응시하고 꿈꾼다

1980년대에 시인이 되고자 했던 많은 사람들처럼, 나 또한 최승자의 시들에 열광했던 젊음의 한때를 지나왔다. 그 시절의 나에게 그녀의 시들은 열심히 흉내 내고자 했으나 결국은 짝퉁의 비애를 맛볼 수밖에 없었던, 질투와 선망, 혹은 열망과 좌절의 대상이었다. 당시 치기와 겉멋으로 버무려진 문장들 속에서 허우적대고 있던 나에게 "내가 살아 있다는 것,/그것은 영원한 루머에 지나지 않는다"(「일찌기 나는」, 『이 時代의 사랑』, 1981)라는, 또는 "이렇게 살 수도 없고 이렇게 죽을 수도 없을 때/서른 살은 온다"(「삼십 세」, 같은 책)와 같은 문장들이 던져주었던 경이와 질투는 얼마나 생생했던가? 마치 내 재능의 누추함을

일깨우는, 그리하여 다가올 내 삼십대의 암울한 미래를 예감케 하는 듯한 최승자의 문장들은 오랫동안 내 젊음의 한가운데를 그토록 날카롭고 생생한 아픔으로 찌르고 지나갔다. 그녀의 시뿐만 아니라 심지어 첫 시집 뒤표지의 말들까지도 그때의 나에게는 얼마나 매혹적이었던지! 이를테면 "상처받고 응시하고 꿈꾼다. 그럼으로써 시인은 존재한다. 그는 내일의 불확실한 희망보다는 오늘의 확실한 절망을 믿는다"(같은 책) 같은 말들은, 내 것이어야 했을 내 마음속의 문장을 그녀가 대신 발설해버린 듯한 희열과 묘한 상실감을 동시에 느끼게 해주지 않았던가? 재능은 주지 않고 열망만을 품게 만든 신을 향한 살리에르의 저 고통스러운 외침처럼, 시를 향한 열망과 좌절로 가득했던 내 어두운 젊음의 기억 한켠에는 늘 그렇듯 최승자의 시집들이, 마치 아득한 전설처럼, 혹은 추억처럼 꽂혀 있는 것이다.

2. 자유로운 꿈의 언어들

당시의 많은 사람들이 그랬던 것처럼, 나에게도 1980년대에 최승자의 시들이 보여주었던 위반의 어법들은 무엇보다 시라는 장르에 대한 새롭고 충격적인 경험의 확장으로 다가왔다. 그녀의 시들은 "어떻게해야고질적인꿈이자유로운꿈이될수있을까"(「다시 태어나기 위하여」, 같은 책)라는 그녀 시의 한 구절처럼, 우리가 시를 향해 품었던, 혹은 시 속에 담으려 했던 고질적인 꿈을 자유로운 꿈으로 뒤바꾸는 자유 그 자체의 거침없는 언어적 현현으로 보였다. 자유에 대한 '고질적인 꿈'을 말하는 시가 아니라, 자유를 자신의 육체로 살아내는 듯한 그녀의 '자유로운 꿈'의 언어들은, 시라는 장르의 '고질적인' 어법으로부터 뛰쳐나온 매우 용기 있고 두려움 없는 언어적 도발을 감행하고 있는 듯 보였다. 그 때문에 그녀의 시들은 기존의 여성시들이 보여주었던 여성적 어법에 갇히기를 거부함으로써 기존의 시들과 뚜렷하게 차별화된 대담하고 도전적인 언어적 실험을 보여준다는 극찬을 끌어내기도 했고, 다른 한쪽에서는 여성적 어법을 벗어나려는 그녀의 강렬한 도발적 언어들이 기실은 남성적 어법을 빌려오거나 남성적 어법을 모방하는 것에 불과하며, 그럼으로써 최승자의 시들이 보여주는 여성시의 새로운 어법 역시 '남자처럼 쓰는 여성 시인'의 한계를 벗어나지 못하고 있다는 비판을 불러오기도 했다.

그러나 기존의 여성시의 어법이라는 것 자체가 여성들 자신의 고유한 언어적 정체성의 산물이라기보다 여성적 어법과 남성적 어법을 분류하는 언어적 관습에 의해 여성의 것으로 규정되어온 것에 지나지 않는다면, 마치 여성의 언어와 남성의 언어가 그 자체로 분리 가능한 고유 영역으로 존재한다는 생각 자체가 하나의 착각에 지나지 않을 것이다. 따라서 최승자의 시들이 보여주었던 위반의 언어들은 남성적 어법에 대한 모방이라기보다, 여성의 것으로 규정되어온 여성적 어법에 대한 위반인 동시에 여성적 어법과 남성적 어법을 나누는 언어의 관습적 분류 그 자체에 대한 위반이라고 봐야 할 것이다. 그러나 그녀의 시들이 보여주었던 위반의 보다 궁극적 의미는 그녀의 시들이 우리에게 시와 시 아닌 것을 가르는 기존의 관습화된 언어적 경계를 당위가 아닌 의문의 대상으로 성찰할 수 있는 매우 혁신적인 길 하나를 열어주었다는 데 있을 것이다.

3. 나는 치명적이다

고질적인 꿈이 자유로운 꿈이 될 수 있기를 그토록 열망했지만, 정작 최승자의 시들이 감내해야 했던 것은 역설적이게도 끊임없이 죽음의 언저리를 맴도는 지극한 고통의 시간들이었다. 시집이 발간될수록 죽음의 그림자는 더욱 더 짙어져 『기억의 집』(1989)과 『내 무덤, 푸르고』(1993)에 이르면 인용이 무의미할 정도로 도처에서 죽음의 이미지가 출몰한다. "목숨은 처음부터 오물이었다"(「未忘 혹은 備忘 2」, 『내 무덤, 푸르고』)라거나 "저 불변의 세월은/흘러가지도 못하는 저 세월은 내게 똥이나 먹이면서/나를 무자비하게 그냥 살려두면서"(「未忘 혹은 備忘 1」, 같은 책)라는 구절에서 스스로의 삶을 똥, 혹은 오물에 비유하는 시인의 상상력은 살아 있음을 영원한 루머라고 말했던 첫 시집 때의 그것과 크게 다르지 않다. 그러나 마치 가까스로 견뎌온 세월에 징검다리를 놓듯 그녀가 한 권 한 권의 시집을 세상 속으로 떨구어내는 동안, 그녀의 삶은 늘 죽음의 차디찬, 혹은 쓰디쓴 열병을 앓고 있었던 듯하다. "철없어 흘리던 피는 달디달지만,/때로는 몇 개의 열매도 맺었지만,/철들어 흘리는 피는 왜 이리 쓰디쓸까"(「삼십대」, 『기억의 집』)라는 시의 한 구절처럼, 죽음이 하나의 관념이고 추상이었던 젊은 시절, 그래서 때로 죽음이 삶에 대한 희망의 역설적인 계기가 되어주기도 했던 달콤하고 뜨거운 죽음 대신 차갑고 쓰디쓴 불모의 죽음이 들어선 자리에는 더 이상 퇴로가 없다.

시인이 "일찍이 세계는/내 실패들의 전시장,/내 상처들의 쓰레기 더미"(「일찍이 세계는」, 같은 책)라고 노래했던 "파악할 수 없는 이 세계 위"(「이제 가야만 한다」, 같은 책)에서의 삶, "내게 똥이나 먹이면서 나를 무자비하게 그냥 살려두"는 그 삶 속에서 수시로 죽음이라는 실존의 막다른 골목에 내동댕이쳐지는 시인은 세상을 향해 "나는 치명적이다./네게 더 이상 팔 게 없다./내 목숨밖에는"(「너에게」, 『내 무덤, 푸르고』)이라고 말한다. 목숨만이 삶의 유일한 담보물인, 그리하여 세상을 향해 목숨밖에 내놓을 게 없는 시인에게, 살아야 하는 것은 이제 죽음보다 더 치명적인 선택을 요구하는 일이다. 최승자의 시집을 읽으면서 죽보다 더 치명적인 삶이 누구보다 자유로운 꿈을 갈망하던 시인의 내면을 얼마나 치명적으로 할퀴어놓았는지를 목격하는 것은 독자들 편에서도 등줄기가 서늘해질 정도로 충분히 고통스러운 일이다. 그녀의 시를 읽는 순간 전염성 강한 그 고통의 언어들로부터 어서 멀리 달아나고 싶다는 생각이 들 정도로 말이다.

  누군가는 시인이 괴로워하는 세상은 이미 병든 세상이라고 말했다. 그런 의미에서 세상이 앓아야 할 병을 대신 앓고 있는 시인의 고통은 하나의 징후다. 『내 무덤, 푸르고』의 뒤표지글에서 "마음은 오랫동안 病中이었다. 마음은 자리 깔고 누워 일어나지 못했다"는 시인의 전언이 우리의 마음에 찡한 아픔으로 다가오는 것은 우리 모두가 지나쳐 온, 그러나 이젠 시인만이 홀로 남아 찢어진 깃발처럼 펄럭이며 감내해왔을 고통의 시간들에 대한 어떤 미안함과 회한의 정서 때문이 아닐까?

  1989년에 발간된 『기억의 집』 뒤표지글에서 "시 쓰는 것이 어떤 구원과 희망을 줄 수 있다고 믿기에는 나는 너무나 심각한 비관주의자이다"라고 썼던 시인이 1993년에 발간된 『내 무덤, 푸르고』에서 "詩 혹은 詩 쓰기에 대해 이제까지 나는 아무것도 바라지도 믿지도 않았지만, 이제 비로소 나는 바라고, 믿고 싶다. 시 혹은 시 쓰기가 내 마음을 病席에서 일으켜 세워줄 것을"이라고 말하기까지, 시인의 마음이 겪어냈을 고통의 참혹한 무게를 짐작할 길은 없다. 다만 우리는 시인인 그녀가 그녀에게 어떤 구원도 아니었던 시를 향해, 그럼에도 불구하고 "그 먼지에 뒤덮인 원고지 속의 혹은 노트 속의/먼 길을 걸어 나는 기필코 그대들에게,/비로소 최후로 닿고 싶다"(「未忘 혹은 備忘 12」, 『내 무덤, 푸르고』)고 말할 때, 끊임없이 죽음의 언저리를 배회하는 순간에도 여전히 시 쓰기가 그녀를 세상을 향한 열망과 끊어질 듯 이어주는 유일한 통로였음을, 그리하여 그녀 자신에게 그 어떤 구원도 믿음도 아니었던 그녀의 시들이, 그럼에도 불구하고 세상과의 소통을 그 누구보다도 간절하게 꿈꾸고 있었음을 짐작해볼 수 있을 뿐이다. 그런 의미에서 그녀의 시들은 세상 속에서 끝내 자유로울 수 없었던, 아니 세상을 끝내 파악할 수조차 없었던 시인이 그 세상에 가 닿으려는 사력을 다한 어떤 몸부림의 궤적일 것이다. "슬프다 가이없다./돌아와 나는 詩를 쓰고/한 세기가 흘러가고/돌아와 나는 또 詩를 쓰고"(「돌아와 나는 詩를 쓰고」, 『기억의 집』)라는 시인의 말은 그래서 마음이 저릴 정도로 더 아프고 뭉클하다.

4. 내 詩는 지금 이사 가고 있는 중

『쓸쓸해서 머나먼』은 시인이 1999년에 『연인들』을 펴낸 이후 11년 만에 내는 시집이다. 시인들이 2~3년, 길어야 3~4년 정도의 주기로 새 시집을 내는 것이 일반화되어 있는 문단 현실에서 11년이라는 시간은 시인 자신의 말처럼 돌아와 시를 쓰기까지 한 세기가 흘러가버린 듯한 아득한 느낌을 불러일으킨다. 『내 무덤, 푸르고』 이후 6년 만에 낸 시집인 『연인들』 후기에서 시인은 시집을 엮어내기까지 자신이 지나온 시간의 집적들을 "아주 긴 긴 시간 체험, 먼 공간 체험, 깊은 의식의 체험"이었다는 말로 요약한 바 있다. 그러나 같은 글에서 "나 자신을 둘러싼 상황, 세계에 너무 지쳤다고 이제 뭔가 다른 게 필요하다고 무의식적으로 느끼고서 한 여행을 시작하여 그 여행을 마치고서 이제 비로소 한 입구, 다른 한 출발점에 서 있는 듯한 기분"이라고 말했던 시인은, 『연인들』 이후 더 길고 깊은 침묵과 잠적의 시간 속으로 빠져들어간다. 그렇다면 『연인들』에서 시인이 긴 여행 끝에 찾아낸 '한 입구,' '다른 한 출발점'이란 여행의 끝이 아니라 시간과 공간과 의식의 체험 속으로 떠나는 더 멀고 먼 여행의 시작을 의미했던 것일까?

　『쓸쓸해서 머나먼』의 뒤표지글에서 시인은 "나는 잿빛으로 삭았고 시간과 세계는 무한 잿빛으로 가라앉았고 그래서 나는 辰辰이 cafe에서 하루 종일 노닥거렸다"라고 말한다. 또 '시인의 말'에서는 "오랫동안 아팠다 이제 비로소 깨어나는 기분이다"라고 말한다. 시인이 '辰辰이 cafe'에서 노닥거렸던 11년이라는 긴 세월 동안 시간과 세계는 무한 잿빛으로 가라앉았고, 시인은 아팠고(혹은 잿빛으로 삭았고), 이제 비로소 깨어나는 중이라는 것. 그것은 이번 시집과 지난 시집들 사이에 시간의 단절뿐만 아니라 시인 자신의 깊은 마음의 단절이 가로놓여 있음을 암시한다. 분열된 자의식과 "내일 열겠다고, 내일 열릴 것이라고 하면서/닫고, 또 닫고 또 닫으면서 뒷걸음질치는"(「해마다 유월이면」, 『내 무덤, 푸르고』) 극심한 자기 폐쇄적 고통 속에서, 자신의 내면에 자리 잡은 절망과 죽음의 심연만을 집요하게 응시하던 시인의 시선이 바깥을 향해 힘겹게 열리는 듯한 존재론적 변화가 그녀의 시 안에서 일어나고 있는 것이다.

오랫동안 세상을 향한 열림을 갈망하며, 그러나 끝끝내 열리지 않는 자의식의 내부에 완강하게 틀어박혀 있던 그녀의 시는, "내 詩는 지금 이사 가고 있는 중이다/오랫동안 내 詩밭은 황폐했었다/너무 짙은 어둠, 너무 굳어버린 어둠/이젠 좀 느리고 하늘거리는/포오란 집으로 이사 가고 싶다"라는, 혹은 "아예는, 다른, 다른, 다, 다른,/꽃밭이 아닌 어떤 풀밭으로/이사 가고 싶다"(「내 詩는 지금 이사 가고 있는 중」)라는 시의 한 구절처럼, 지난 세월의 흐름 속에 고통스러운 자의식의 한 자락을 부려놓고 서서히 다른 세계로의 외출을 준비한다. 자신의 상처 안에 웅크린 채 캄캄한 상처의 내벽만을 끈질기게 응시하던 시인의 언어들이 이제 스스로의 힘으로 자신의 상처를 치유하고 구원하기 시작한 것일까? 그리하여 어떤 믿음도 구원도 아니었던 시인의 시들은 11년이란 긴 세월을 건너와, 오래전 "시 혹은 시 쓰기가 내 마음을 病席에서 일으켜 세워줄 것을" 그토록 갈망했던 시인의 마음에 이제야 비로소 응답하기 시작한 것일까?

『쓸쓸해서 머나먼』은 시간, 혹은 시간이 갖는 치유의 힘에 대해 이야기하는 시집이다. 시간에 대한 시인의 의식은 이 시집의 도처에서 발견된다. 『연인들』에서 "통과해야만 할 아득한 봄날의 시간이/저 밖에서 선혈처럼 낭자하다"(「아득한 봄날」)라며, "어떻게 견뎌야 할지,/내 앞에 펼쳐질/봄 꽃, 여름 잎/가을 단풍, 겨울 눈꽃"이라고 노래하던 시인에게 시간이란 자신이 견뎌온, 또 앞으로도 견뎌가야 할 생의 아득하고도 무의미한 반복을 의미했을 뿐이다. 그때까지 시인에게 시간은 여전히 무언가를 채워 넣으려는 갈망과, 결국은 아무것도 채워 넣지 못하리라는 불안으로 시인을 짓누르는 삶의 무거운 짐이었다. 『연인들』에 실린 시편들이 쏟아내는 관념화된 다변의 언어들은 욕망과 고통의 중압으로부터 벗어나려는 시인의 의식이, 그럼에도 불구하고 여전히 욕망과 고통의 중압으로부터 자유롭지 못한 상태임을 보여준다. 그러나 『쓸쓸해서 머나먼』에서 훨씬 말수가 줄어든 시인은 고통으로부터의 해방을 꿈꾸는 관념적 언어들로 시를 채워나가는 대신 텅 빈 적막의 언어들 속으로 깊숙이 침잠한다. 시인은 이제 시간을 움켜쥐는 대신 시간을 놓아버림으로써 스스로를 치유하기 시작하는 것이다.

　『쓸쓸해서 머나먼』에서 시인을 죽음이라는 막다른 골목으로부터 끌어올려준 그 치유의 시간은 무엇을 하기 위한 시간이 아니라 무엇을 하지 않기 위한 완전한 무위의 시간이다. 세월이라는 이름의 '辰辰이 cafe'에서 하루 종일 노닥거리는 동안 시인은 "시간 속에서 시간의 앞뒤에서/흘러가지도 않았고 다만 주저앉아 있었을 뿐"(「보따리장수의 달」)이다. 무엇을 하기 위해, 혹은 무엇이 되기 위해 시간을 쌓아올리는 대신 아무것도 하지 않고 되지 않기 위해 시간을 한없이 비워내기만 하는 무위의 세월이 덧없이 흘러가는 동안, 도저히 벗어날 수 없었을 것 같았던 고통과 절망의 시간들은 무한 잿빛으로 가라앉고, 시인은 "사각사각 바스러지는 시간들" 혹은 "사각사각 무너지는 시간들"(「시간이 사각사각」) 속에서 "다만 희미하게 웃고 있었을 뿐"(「보따리장수의 달」)이다. 희미한 웃음 속에서 "사각사각 무너지는" 시간이란 그녀에게 상처와 절망으로 얼룩진 시간의 흐름으로부터, 무언가를 하려는, 혹은 무언가가 되려는 욕망의 독소들을 비워내기 위한 길고 긴 치유의 시간이었다. 그 완전한 무위의 시간은 때로 그녀의 시에서 길고 긴 잠으로 표현되기도 한다.

　　그리하여 우리들은 잠들었네
　　너는 흔들리는 코스모스의 잠

나는 흩어지는 연기의 잠

한 세기가 끝날 무렵에도
너는 코스모스의 잠
나는 연기의 잠

그동안에 제1차 세계대전
제2차 세계대전, 뭐라 뭐라 하는

그러나 우리 두 사람에겐
흔들리는 코스모스의 잠과
흩어지는 연기의 잠뿐이었네
　　　　——「그리하여 우리들은 잠들었네」 전문

　시인이 다른 시에서 "잠이 시간이었습니다/모릅니다/그간의 나와/저간의 나와/혹은 저 너머의 나와"(「문이 닫혔었다」)라고 노래하듯, 이 시에서 너와 나를 "흔들리는 코스모스의 잠"과 "흩어지는 연기의 잠"으로 끌어당기는 것은 바로 시간이다. 잠 속에서 한없이 흔들리고 흩어지는 그 시간은 무엇을 하기 위한, 혹은 무엇이 되기 위한 욕망들이 구축해온 역사의 시간이 아니다. 역사의 시간이란, 시인이 "시간은 국가들이었고/제도들이었고 도덕들이었고/한마디로 가치관들이었는데,/가치관들이 세계라는 이 세상에 범람했었는데"(「시간은 武力일까, 理性일까」)라고 말하는 것처럼, 국가, 제도, 도덕이라는 이름으로 인간이 구축해온 인위(人爲)의 시간이다. 역사의 시간이 지배하는 세계는 "과거를 현재로 살고 있는 사람들/파먹을 정신이 없어서/과거를 오늘의 뷔페식으로/섞어 먹는 사람들"의 시간이며, "과거 때문에 현재도 미래도/다 놓치고 싶어 하는 사람들"(「時間입니다」)의 세계, 다시 말해 과거의 완결된 시간이 현재와 미래라는 무정형의 시간을 지배하는 세계에서 기꺼이 과거라는 낯익은 시간의 감옥 속에 갇힌 채 희희낙락하며 살아가는 사람들의 시간이다.

그러나 시인이 지극한 고통의 심연 속에서 도달한 깊고 긴 시간의 잠은 역사의 시간을 잠재우는 시간의 잠이다. 그 깊은 잠 속에서 흘러가는 시간은 나를 둘러싼 '그간'과 '저간'과 '너머'의 모든 시간의 경계들을 지우는 시간이며, 마치 모래알처럼 "문턱에서 문턱으로/경계에서 경계로" 흩어지는 "디아스포라의 전 文明"(「von schwelle zu schwelle」)의 시간이다. 흔들리는 코스모스의 잠과 흩어지는 연기의 잠 속에서 인위의 시간이 무위의 시간으로 바뀌는 동안, 시인의 잠 곁에서는 "그동안에 제1차 세계대전/제2차 세계대전, 뭐라 뭐라 하는" 말들이 지나가고, "사회가 획,/역사가 획,/문명이 획"(「시간이 사각사각」) 지나가고, "저기 기독교가 지나가고/불교가 지나가고/道家가 지나간다"(「쓸쓸해서 머나먼」). 더불어 시인을 죽음의 막다른 골목으로 내동댕이쳐온 지극한 고통의 시간들도 지나간다. 시인이 자기 고통의 기원을 더듬어 내려간 자리에서 발견한 그 어떤 역사와 문명, 혹은 종교조차도 흔들리는 코스모스와 연기의 잠 속으로 틈입하지 못한다. 그러나 립 반 윙클처럼 "두드려도 두드려도 깨이지 않는"(「축축한」) 깊디깊은 시간의 잠 속에 잠들어 있는 것은 시인인가, 우리인가? 어쩌면 우리가 마치 벌서듯 살아내야 하는 이 삶이라는 괴물이야말로, 자신이 깔고 앉은 삶의 자리가 불행인 줄도 모른 채 히히덕대는 사람들처럼, 또는 이전의 시집에서 시인이 말했던 대로 "우린 실은 이미 죽었는데, 죽은 채로/전기의 힘에 의해 끊임없이 회전하며 구워지는 거,/그게 우리의 삶이라는"(「서역 만리」) 것처럼, 우리가 역사라는 길고 긴 시간의 잠 안에서 꾸는 덧없는 꿈이 아니겠는가?

그리하여 '辰辰이 cafe'에서 노닥거리는 동안 시인이 꿈꾸었던 것은, 시간의 궤도 위에서 한 번도 멈춘 적이 없는, 그러나 "헛돌고 헛도는/헛바퀴들의 이 유연한……"(「왜 세계는」) 세계가 쌓아올린 "역사라는 무겁고 후덥지근한/공간성을 떨쳐버리고/초시간적 시간 속으로"(「하늘 너머」) 사라지는 삶이다. "오래된 미래인 과거를 휘돌아/오래된 과거인 미래를 휘돌아/초시간 속으로 날아가는"(「구름 비행기」) 그 시간은 '멀고 먼 길' 위의 시간이며, "삼천갑자동방삭이 살던" '억겁의 시간'이며, "다만 십 년이라는 시간 속을/담배 한 대 길이의 시간 속을/새 한 마리가 폴짝/건너뛰었을 뿐"(「담배 한 대 길이의 시간 속을」) 인 억겁의 순간, 혹은 순간의 억겁이다. 이처럼 시집 여기저기에 흩어져 있는 '먼'이나 '멀고 먼'이라는 수식어 속에는 영원과 찰나가 겹치는 아득한 시간의 소실점, "인류를 초월해 있는/영원성으로서의 시간"(「그런데 여기는」)의 잿빛 그림자가 담겨 있다.

끊임없이 흘러가는 역사의 등 뒤에 그림자처럼 드리워진 멀고 먼 잿빛의 시간, 시인은 자신이 살아낸 그 "흔적도 없이 괴어 있는/시간의 잿빛 그림자"(「시간의 잿빛 그림자」) 속에서 잿빛으로 삭아간다는 것의 새로운 의미를 발견한다. "왜 세계는/삭을 대로 삭아야/세계일까요"(「왜 세계는」)에서 시인이 말하는 삭을 대로 삭은 세계란 지칠 줄 모르고 융성해가는, 그러나 안으로는 지칠 줄 모르고 곪아가는 자본 세계의 안이면서 밖, 이면인 동시에 너머인 세계다. 삭을 대로 삭은 세계란 자본이 뿜어내는 형형색색의 빛으로 삭아가는 세계이면서, 삭을 대로 삭은 이후에야 비로소 찾아드는 잿빛의 세계이다. 날로 융성해가는 세계 뒤에 남겨져 식은 재처럼 홀로 삭아가는 시인. 그러나 삭을 대로 삭은 세계의 끝에서 시인이 찾아낸 것은 모든 색(色)이, 욕망이 지나가버린 자리에서 홀로 빛나는 잿빛, 그 재의 빛이 주는 텅 빈 위안이다.

마치 고통의 끝 간 데에서 마침내 고통이 스스로를 치유하기 시작하는 것처럼, 혹은 절망의 끝 간 데에서 마침내 절망이 스스로를 일으켜 세우기 시작하는 것처럼, 시인은 잿빛으로 삭아가는 텅 빈 공(空)의 시간 속에서 마침내 자신의 삶과 시가 깃들 새로운 거처를 발견한 것일까? 시인이 "하늘은 늘 회색이었다"(「한 아이가」)라고 말할 때, 시인이 바라보는 회색의 하늘은 검은색도 흰색도 아닌, 그 때문에 열망과 절망, 죽음과 삶, 젊음과 늙음의 모든 경계가 탈색되어버린 무상(無常), 혹은 무상(無相)의 하늘인지도 모른다. 삭을 대로 삭은 잿빛의 세계 속에서 색색의 욕망으로 빛나는 융성한 세계는 무한 잿빛의 시간으로 가라앉고, "이제 비로소 깨어나는 기분"인 시인의 시야에는 다음의 시에서처럼, 움직임 속에 정지해 있는 한 적막의 세계가, 혹은 말과 말 사이로 스며드는 한 침묵의 풍경이 깃든다.

한 아이가 뛰어간다

하늘은 늘 회색이었다

건성건성 누군가
바다를 건너고 있었다

한 세기가 무심코 웃고 있었다 　—「한 아이가」 전문

5. 나는 아직 아이처럼 팔랑거릴 수 있고

 이렇듯 무한 잿빛의 적막과 침묵의 시간 속에서 시인은 날마다 자신의 일용할 양식인 "하늘 虛 한 잔"(「하늘 虛 한 잔」), "커피 한 스푼의 無/커피 물 한 잔의 無限"(「구름 한 점 쓰다 가겠습니다」)을 마신다, 담담하게, 혹은 밍밍하게. 그리고 이와 더불어 "詩 한 편, 담배 한 대에/한 인생이 흘러간다"(「잠시 빛났던」). 시인이 마시는 "虛 한 잔"의 하늘은 "하늘의 푸른과 바다의 푸른이 합쳐져/事物들의 새파란 시선이 움트는 곳," 그리하여 "시간 속의 물방울 같은/작은 이슬 제국/거기에 詩人들도 아스라이 끼어"(「새들은 모두가」)드는 곳이다. "事物들의 새파란 시선이 움트는 곳," 혹은 세상 어디에도 주소지를 갖고 있지 않은 모든 새들의 주소지, 시인이 "높푸른 하늘을 한번 걸어볼까/高空의 이슬 젖은 두 발은 가뿐하고/착륙도 하지 않은 채 오직 걷기만 하"(「높푸른 하늘을」)기를 꿈꾸는 그곳은 인간이 자신에게 가한 상처뿐만이 아니라 인간 자신의 상처까지도 치유하는 무한 자연의 품이 아니겠는가? 그러므로 시인을 치유의 시간으로 이끌었던 세월의 묘약이란 바로 자연이 품고 있는 무(無)와 허(虛)의 시간들, 역사의 시간보다 더 오랜 그 무위자연의 시간들일 것이다. "건널 수 없는 한 세계를/건넜던 한 사람이/책상 앞에서 詩集들을/뒤적이"(「어떤 풍경」)듯, 시인은 그 무위자연의 풍경 속에서 다음과 같은 시를 뒤적인다.

> 너는 바람처럼 쉽게 바뀐다
> 꽃인가 하면 바위이고
> 詩인가 하면 小說이고
> 배낭도 없이 너는 가볍게 여행한다
> 팬티도 바지도 구두도 걸치지 않은 채
>
> 〔……〕
>
> 전화번호들도 주소록도 갖지 않은 채
> (의식도 무의식도 갖지 않은 채)
> ——「travel light」 부분

아무것도 걸치지 않고 어떤 전화번호나 주소로도 귀환하지 않는 여행, 바람처럼 모든 경계를 뛰어넘는, 그리하여 의식과 무의식의 경계마저 넘어서버린 여행 그 자체의 순수한 본질로서의 여행이란 "이미 있었으나, 없었으나, 다시 있는/만지고 또 만져본 세상, 그러나/다시 있는, 언제나 천억 년 다시 있을,/바다빛 하늘빛처럼 푸르른/다른 것들로 이루어진 세상"(「다른 세상」)으로 넘어가는 초시간성의 여행일 것이다. 늘 세계 곁에 있으면서, 그러나 늘 세계를 비껴가는, 또는 늘 시간 곁에 있으면서 동시에 늘 시간을 비껴가는 영원한 실재계적 탈주로서의 초시간성 속에서 시인은 "아무 일도 없이/학이 날고 푸른 새가 지고/하염없는 바다와 바다 사이에서/(아, 나는 너무 오래 잤을까)/학이 날고 푸른 새가 지고/어떻게 된 것일까"(「다른 세상」)라고 노래한다.

이처럼 시인의 너무 오랜 잠은, 아무 일 없이 학이 날고 푸른 새가 지는 풍경이 하염없이 계속되는, 이미 있었으나 없고, 없었으나 언제나 다시 있을 천억 년의 시간 속을 유영한다. 시간과 시간, 공간과 공간, 인간과 자연의 경계가 사라져버린, 그리하여 "心物이 物心이 되고/物心이 心物이 되"(「어떤 한 스님이」)어버린 무상의 시간 속에서 시인은, 시의 행간에서 피어오르는 고요를 바라보듯 심(心)과 물(物)이 하나가 된 무심(無心)의 시선으로, 이 세계의 행간에서 "모든 사물들이 저마다 소리를"(「가만히 흔들리며」) 내며 가만히 흔들리는 풍경을 본다.

    키 큰 미루나무
    키 큰 버드나무
    바람 사나이
    바람 아가씨

    두둥실 졸고 있는 구름 몇 조각

꼬꼬댁 새댁

꿀꿀 돼지 아저씨

음매 머엉 소 할아버지 　　—「가만히 흔들리며」 부분

  그러나 "한 세월이 있었다/한 사막이 있었다//그 사막 한가운데서 나 혼자였었다/하늘 위로 바람이 불어가고/나는 배고팠고 슬펐다"(「한 세월이 있었다」)라는, 또는 "세상이 잠이었으면/세월이 잠이었으면"(「시간 속을 아득히」)이라는 구절에서 시인은 자신의 마음속에서 여전히 잠들지 못하는 슬픔과 외로움, 혹은 욕망의 한 자락을 노래한다. "시간 속을 아득히 달려왔"어도 "꿈자리는 늘 슬픔뿐이었"(「시간 속을 아득히」)고, 세상으로 이어지는 육체의 모든 감각들을 놓아버린(혹은 놓아버리고자 한) 무한 잿빛의 잠 속으로도 "감각의 올가미"는 내려온다. 그리하여 시인은 "감각의 옷은 다 내팽개쳤었는데/누군가 살〔肉〕 몰아 뒤쫓아 오면서/감각의 옷을 도로 입히는가"(「입을 닥치고 있어」)라고 탄식하거나, "내가 닫아버렸던 고통의 門을/누가 다시 열어놓았을까//가만히 스쳐만 가시라/잠의 꿈결에서인 듯/꿈의 잠결에서인 듯"(「깊고 고요하다」)이라고 애원하듯 노래한다.

  어쩌면 시인이 꿈꾸는 머나먼 시간의 길, 시간의 모든 흔적을 비워낸 '아무 일 없이 하염없는' 삶이란 실현될 수

없는 욕망, 그리하여 제논의 날아가는 화살처럼 날아가는 매 순간 정지하는, 영원히 목적지에 도달하지 못하는 불가능의 다른 이름이 아닌가? 그러나 지젝의 말처럼, 욕망의 실현은 그것이 충족되는 것, 충분히 만족되는 것에 있지 않다는 것, 다시 말해 욕망은 충족되는 순간 사라져버리는 것이므로 욕망의 실현이란 바로 욕망이 영원히 충족되지 못한 채로 지속되는 상태, 그리하여 욕망이 영원히 욕망인 채로 남겨져 있는 상태를 의미하는 것이다. 이런 의미에서 욕망의 충족이란 욕망의 죽음, 즉 삶의 죽음에 지나지 않는다. 이것은 욕망이 불가능에 의해 가능해지는 부재와 결핍의 다른 이름이며, 부재와 결핍으로서의 삶이 지속되는 한 욕망 또한 영원하다는 것을 말해준다. 따라서 이 시집에서 무한 잿빛의 시간이 담고 있는 세계는 욕망이 부재하는 세계가 아니라 다르게 욕망하는 세계, 다시 말해 욕망을 버리려는 욕망의 세계이다.

그렇다면 시인이 "영원히 운동 중인 정지가 아니라/영원히 운동 중인 부재(不在)로서/제논은 지금/날아가는 화살 중에 있다/지금, 지금, 지금, 지금"(「영원히 운동 중인 부재(不在)로서의 눈동자 하나」)이라고 말할 때, 시인은 "영원히 운동 중인 정지"로서의 죽음이 아니라 "영원히 운동 중인 부재"로서의 삶에 대해, 또한 부재의 힘으로 영원히 운동 중인 욕망에 대해 얘기하고 있는 것은 아닌가? 뿐만 아니라 부재와 결핍이 증대될수록 욕망의 엔트로피 또

한 증가하는 것이라면, 불가능을 향해 날아가는 화살 위에서 영원히 운동 중인 부재의 순간순간, 시인이 네 번의 간절한 외침으로 끌어안으려는 그 생생한 '지금'의 순간이야말로 시인에겐 죽음에서 삶으로 나아가려는 욕망으로 가득찬 너무나 충만한 생의 순간들이 아니겠는가?

 그러므로 "지금, 지금, 지금, 지금"으로 이어지는 시간 속에서, 생에의 욕망, 혹은 불가능을 향한 꿈이라는 이름으로 "날아가는 화살 중에 있"는 존재는 제논이 아닌 바로 시인 자신이다. "쓸쓸해서 머나먼" 세월을 건너온 시인이 이 시집의 마지막 시에서 "황홀합니다/내가 시집을 쓰고 있다는/꿈을 꾸고 있는 중입니다"(「바가지 이야기」)라고 말하는 시간 또한 마침내 시인의 마음을 오랜 병석에서 일으켜 세워준 '지금'의 시간이 아닌가? 그러니 우리 또한 시인이 시집을 "쓰고 있다는" 꿈을 "꾸고 있는 중"인 그 황홀한 지금의 시간 속으로 스며들어서, 시인이 던지는 "참 우습다/내가 57세라니/나는 아직 아이처럼 팔랑거릴 수 있고/소녀처럼 포르르포르르 할 수 있는데/진짜 할머니 맹키로 흐르르흐르르 해야 한다니"(「참 우습다」)라는 농담에 잠시 마음의 그늘을 내려놓고 아이처럼 티없이 깔깔대고 싶어지는 것이다.